школа - yachay wasi	2
падарожжа - ch'usay	5
транспарт - astana	8
горад - llaqta	10
краявід - wanlla	14
рэстаран - mikhuna wasi	17
супермаркет - jatun qhatu	20
напоі - upyanakuna	22
ежа - mikhuna	23
сядзіба - chakra wasi	27
дом - wasi	31
жылы пакой - k'illi wanlla	33
кухня - wayk'una wasi	35
ванная - akana wasi	38
дзіцячы пакой - wawa k'uchu	42
адзенне - p'acha	44
офіс - ujisina	49
эканоміка - qullqikamay	51
прафесіі - llamk'aykuna	53
інструменты - ruk'awi	56
музычныя інструменты - takichiy nakuna	57
заапарк - jatun uywa kancha	59
спорт - atipanaku pukllay	62
дзейнасць - ruwakuna	63
сям'я - yawar masikuna	67
цела - uqhu	68
шпіталь - Jampina wasi	72
экстраная дапамога - urjinsia	76
Зямля - Pacha	77
гадзіннік - phani (kuna)	79
тыдзень - qanchischaw	80
год - wata	81
формы - pacha tupusqa rikch'ay	83
колеры - llimp'ikuna	84
супрацьлегласці - wakjinakuna	85
лічбы - yupaykuna	88
мовы - simikuna	90
хто / што / як - pi / ima / imayna	91
дзе - maypi	92

Impressum
Verlag: BABADADA GmbH, Nedderfeld 112 , 22529 Hamburg
Geschäftsführer / Verlagsleitung: Harald Hof
Druck: Books on Demand GmbH, In de Tarpen 42, 22848 Norderstedt

Imprint
Publisher: BABADADA GmbH, Nedderfeld 112 , 22529 Hamburg, Germany
Managing Director / Publishing direction: Harald Hof
Print: Books on Demand GmbH, In de Tarpen 42, 22848 Norderstedt

школа
yachay wasi

дзяліць — rak'iy

дошка — pirqa qillqana

класны пакой — yachaqaywasi

настаўнік — yachachiq

школьны двор — kancha

папера — raphi

ручка — qillqana

пісьмовы стол — llamk'a jamp'ara

лінейка — chiqanchana

кніга — p'anqa

пісаць — qillqay

вучань — yachaqaq

ранец
wayaqa

пенал
p'uktaki llimp'i qillqana

просты аловак
yana qillqana

тачылка для алоўкаў
ñawch'ina

гумка
qillqakhituna

альбом для малявання
qillqana p'anqa siq'inapaq

малюнак
siq'i

пэндзлік
chukcha llimp'ina

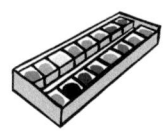
фарбы
p'uktaki llimp'ikuna

нажніцы
k'utuna

клей
k'akachana

сшытак
qillqana p'anqa ruwanakuna

хатняе заданне
kamachinakuna

лік
yupay

дадаваць
yapay

адымаць
qhichuqay

множыць
mirachay

лічыць
yupanchay

літара
sanampa

алфавіт
sanampakuna

словы
simi rimay

школа - yachay wasi

тэкст
qillqa

чытаць
ñawiriy

крэйда
iskuna

ўрок
yachachina

класны журнал
qillqana p'anqacha

экзамен
chaninchana

атэстат
certificaru

школьная форма
uniforme

адукацыя
yachay

энцыклапедыя
jatun simi pirwa

універсітэт
Jatun yachaywasi

мікраскоп
microscopio

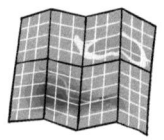

карта
saywa siq'i

смеццевы кошык
raphi chuqana

школа - yachay wasi

падарожжа

ch'usay

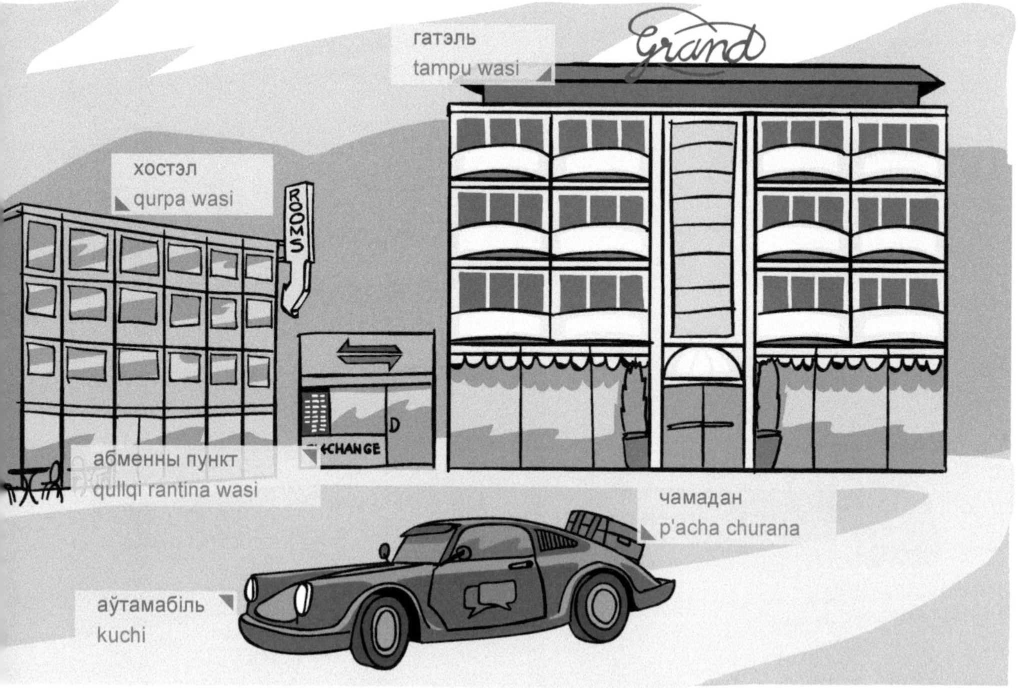

Grand
гатэль
tampu wasi
ROOMS
хостэл
qurpa wasi
абменны пункт
qullqi rantina wasi
чамадан
p'acha churana
аўтамабіль
kuchi

мова

simi

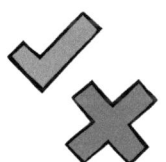

так / не

ari / mana

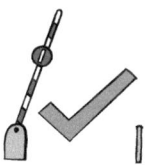

добра

ari

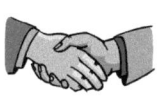

прывітанне!

Imaynalla

перакладчык

tikraq

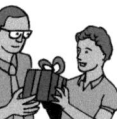

дзякуй

Pachi

Колькі каштуе....?
¡Machkhataq?

я не разумею
Mana yachanichu

праблема
ch'ampay

Добры вечар!
¡Allin tuta!

Добрай раніцы!
¡Allin P'unchaw!

Дабранач!
¡Allin tuta!

да пабачэння
tinkunakama

кірунак
pusachay wasi

багаж
q'ipi

сумка
wayaqa

заплечнік
wasa wayaqa

госць
jamuynisqa

пакой
wasi

спальны мяшок
puñunapaq wayaqa

палатка
tienda

падарожжа - ch'usay

фармацыя для турыстаў	пляж	крэдытная картка
turismu willakuy	quchapata	tarjita kriditumanta

снеданне	абед	вячэра
paqarin mikhuy	chawpi p'unchaw mikhuy	tuta mikhuy

праязны білет	ліфт	паштовая марка
qullqi	makina wicharinapaq	unanchana

мяжа	мытня	пасольства
saywa	adwana	imwajada

віза	пашпарт
visa	pasapurti

падарожжа - ch'usay

транспарт
astana

самалёт
lata p'isqu

карабель
wamp'u

пажарная машына
bumbiru kuchi

аўтобус
awtuwus

грузавік
kamiun

маторная лодка
mutur wamp'u

ровар
wisiklita

аўтамабіль
kuchi

паром
quchacha

лодка
wamp'u

матацыкл
mutu

паліцэйская машына
pulisiyap autun

гоначны аўтамабіль
usqay karru

арэндаваны аўтамабіль
kuchi manukuna

сумеснае карыстанне аўтамабілем
kuchi manu

эвакуатар
grua

смеццявоз
q'upa kamiun

матор
mutur

паліва
gasulina

запраўка
gasulinamanta istasiun

дарожны знак
chakatana sanampa

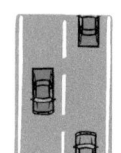

дарожны рух
trajiku

затор
chakatana

паркоўка
istasiun

чыгуначная станцыя
trin estasiun

рэйкі
ñankuna

цягнік
trin

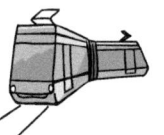

трамвай
tranwia

вагон
wagun

верталёт
ilikuptiru

аэрапорт
lata p'isqu kiti

вежа
pukara

пасажыр
pasaqlla

кантэйнер
jatun p'uktaki

кардонная скрыня
karton p'uktaki

тачка
kapachu

карзіна
isanka

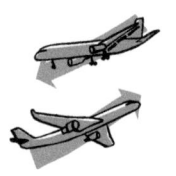
ўзлятаць / прызямляцца
phaway / uray

горад
llaqta

вёска
llaqta

цэнтр горада
chawpi jatun llaqta

дом
wasi

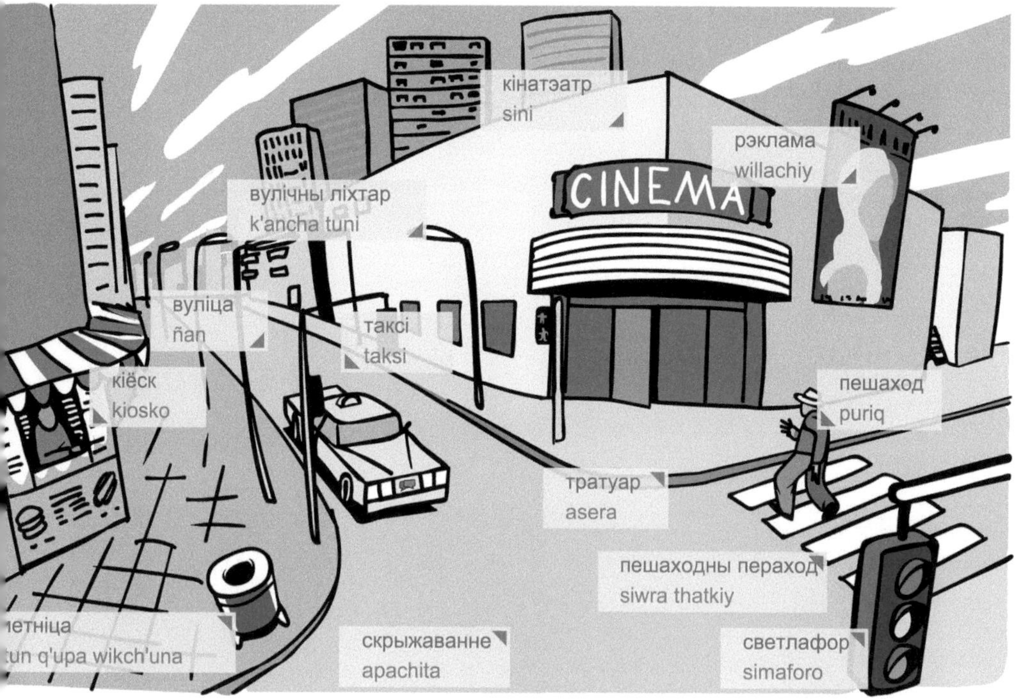

кінатэатр
sini

рэклама
willachiy

вулічны ліхтар
k'ancha tuni

вуліца
ñan

таксі
taksi

кіёск
kiosko

пешаход
puriq

тратуар
asera

пешаходны пераход
siwra thatkiy

етніца
un q'upa wikch'una

скрыжаванне
apachita

светлафор
simaforo

халупа
ch'ullka

кватэра
apartamento

чыгуначная станцыя
trin estasiun

ратуша
tantanakuy wasi

музей
rikuchina wasi

школа
yachay wasi

горад - llaqta

універсітэт
Jatun yachaywasi

банк
qullqi pirwa

шпіталь
Jampina wasi

гатэль
tampu wasi

аптэка
jampi ranqhana wasi

офіс
ujisina

кнігарня
p'anqa pirwa

крама
tienda

кветкавая крама
t'ika wasi

супермаркет
jatun qhatu

кірмаш
qhatu

універмаг
jatun pirwa

рыбная крама
challwa wasi

гандлевы цэнтр
jatun rantina wasi

порт
wamp'u qhispinan

горад - llaqta

парк
jark'asqa chiqan

лава
qullqi pirwa

мост
chaka

лесвіца
wichana

метро
metro

тунэль
suqhu

прыпынак
autuwus sayana

бар
bar

рэстаран
mikhuna wasi

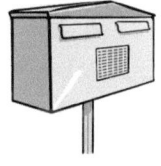

паштовая скрыня
illa qillqa juch'uy wanqara

вулічны паказальнік
t'uqsi tuni

паркамат
parkimetro

заапарк
jatun uywa kancha

басейн
armakuna

мячэць
meskita

горад - llaqta

сядзіба
chakra wasi

забруджванне навакольнага асяроддзя
pacha unquchiq

могілкі
Aya pampa

царква
iñiy wasi

пляцоўка для гульні
pukllana kancha

храм
Qhapana

краявід
wanlla

- ліст — raphi
- паказальнік — sanampa
- дарога — ñan
- луг — waylla
- камень — rumi
- падарожнік — puriq runa
- дрэва — sach'a
- рака — mayu
- трава — sach'a
- кветка — t'ika

даліна
qhichwa

гара
muqu

возера
qucha

лес
Sach'a sach'a

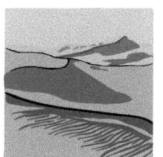

пустыня
purun

вулкан
nina phuqchiq urqu

замак
kastilla wasi

вясёлка
k'uychi

грыб
champiñun

пальма
chunta

камар
ch'uspi

муха
ch'uspi

мурашка
sik'imira

пчала
wara

павук
kusi kusi

краявід - wanlla

жук
ch'iqi

жаба
k'ayra

вавёрка
artilla

вожык
askanku

заяц
liwre

сава
ch'usiqa

птушка
p'isqu

лебедзь
yuku p'isqu

дзік
sintiru

алень
sierwu

лось
alsi

плаціна
waykhasqa

вятрак
wayrakallpa

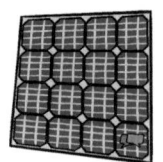

сонечная батарэя
inti panil

клімат
pacha wayra

краявід - wanlla

рэстаран
mikhuna wasi

афіцыянт
wayna yanapaq

меню
menu

крэсла
tiyana

піца
pitsa

суп
supa

сталовыя прыборы
tumina

абрус
mast'a jamp'ara

закуска
ñawpaq mikhuna

другая страва
yari mikhuna

дэсерт
mikhuy yapa

напоі
upyanakuna

ежа
mikhuna

бутэлька
wutilla

хуткае харчаванне (фаст-фуд)
saqra ura

стрыт-фуд
kalli mikhuna

імбрык (чайнік)
te churana

цукарніца
misk'i churana

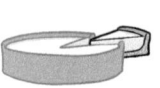

порцыя
chhika

эспрэса-машына
cajitira iksprisu

дзіцячае крэселка
jatun tiyana

рахунак
yupay

паднос
bandija

нож
tumi

відэлец
tinidur

лыжка
wislla uña

чайная лыжка
juch'uy wislla uña

сурвэтка
simi pichana

шклянка
qhispi akilla

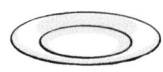  

талерка	супавая талерка	сподак
chuwa	chuwa	chuwa

 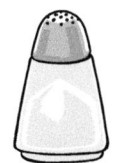 

соус	сальніца	млынок для перцу
salsa	kachi churana	pimienta kutana

  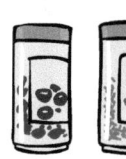

воцат	алей	спецыі
k'allkucha	llukllu	ch'aki q'mirkuna

кетчуп	гарчыца	маянэз
ketchup	mostaza	mayonisa

супермаркет

jatun qhatu

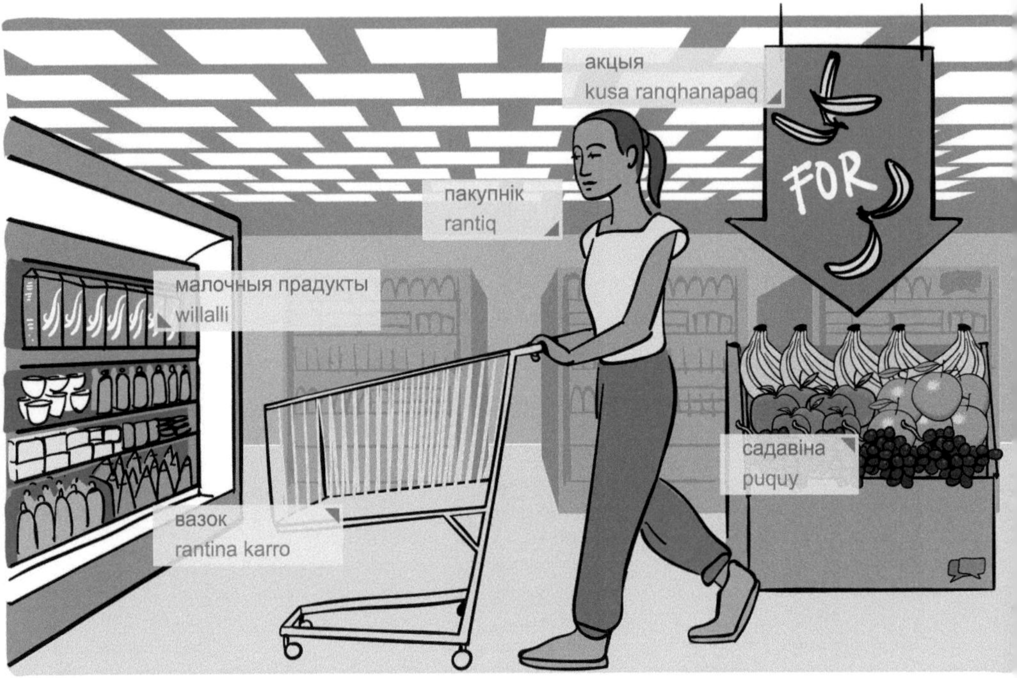

акцыя
kusa ranqhanapaq
FOR
пакупнік
rantiq
малочныя прадукты
willalli
садавіна
puquy
вазок
rantina karro

BUTCHERS

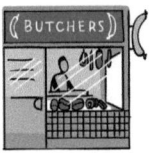

мясная крама

aicha wasi

BAKERY

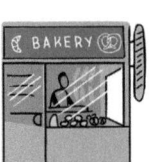

хлебны магазін

t'anta wasi

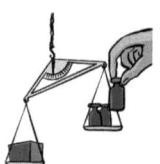

важыць

llasay

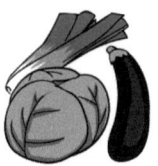

гародніна

q'umirkuna

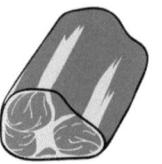

мяса

aycha

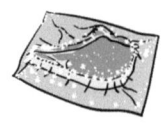

свежазамарожаныя прадукты

chhullunka mikhuna

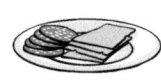
нарэзка
quqawi

кансервы
mikhuna unaychasqa

пральны парашок
ditirjinti

прысмакі
misk'ikuna

хатнія прылады
wasimanta pruduktu

чысцячы сродак
maylla produkto

прадавец
ranqhaq

каса
kartun p'uktaki

касір
kajiru

спіс пакупак
sinru qillqa rantina

гадзіны працы
sumaq runa uyarina phani

бумажнік
qullqi wayaqa

крэдытная картка
tarjita kriditumanta

сумка
plastiko wayaqa

пакет
plastiku wayaqa

супермаркет - jatun qhatu

напоі
upyanakuna

вада
yaku

сок
jilli

малако
ch'awa

кола
coca cola

віно
vino

піва
sirwisa

алкаголь
alkula

какава
kakawu

гарбата (чай)
te

кава
caji

эспрэса
ieksprisu

капучына
capuchinu

ежа
mikhuna

банан
platanu

яблык
mansana

апельсін
laranja

дыня
milun

лімон
limun

морква
sanawrya

часнок
aju

бамбук
wamwu

цыбуля
siwulla

грыб
champiñun

арэхі
awillana

локшына
jirius

спагеці
ispawiti

рыс
arrus

салата
sarsa

бульба фры
papa kanka

смажаная бульба
papa kanka

піца
pitsa

гамбургер
amwirkisa

бутэрброд
sanwich

шніцаль
jiliti

вяндліна
jamun

салямі
salami

каўбаса
salchicha

курыца
chichilu

смажаніна
aycha kanka

рыбак
challwa

ежа - mikhuna

аўсяныя камякі	мюслі	кукурузныя шматкі
p'aqa awina	muesli	p'aqa sara

мука	круасан	булачка
jak'u	krwasan	k'awka

хлеб	тост	пячэнне
t'anta	t'anta jamk'a	khamuna

масла	тварог	пірог
mantikilla	ñuqñu	pastil
		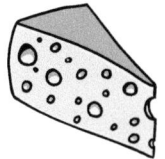
яйка	яечня	сыр
runtu	runtu kanka	masara

ежа - mikhuna

марожанае
chullunka misk'i

цукар
misk'i

мёд
wayrunq'u misk'i

варэнне
mirmilara

нуга
krima turrunmanta

кары
kurri

ежа - mikhuna

сядзіба
chakra wasi

хата — chakra wasi
хлеў — ch'aska pirwa
цюк саломы — ichu q'ipi
поле — chakra
конь — kawallu
прычэп — rimulki
жарабя — wayna kawallu
трактар — traktor
асёл — asnu
авечка — uchka
ягня — uchka

каза
karwa

карова
waka

цяля
waka uña

свіння
khuchi

парася
khuchi uña

бык
turu

гусак
wallata

качка
pili

кураня
chchilu

курыца
wallpa

певень
k'anka

пацук
jatun juk'ucha

кот
misi/michi

мыш
juk'ucha

вол
turu

сабака
alqu

сабачая будка
alquwasi

садовы шланг
mankira

палівачка
qarpana jalp'a

каса
rutuna

плуг
taklla

сядзіба - chakra wasi

серп
rutuna

матыка
liwk'ana

вілы для гною
sipina

сякера
ayri

тачка
kapachu

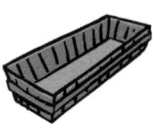

карыта
yaku upyana

бітон для малака
willalli purunku

мех
jatun wayaqa

плот
jark'aq ch'ipa

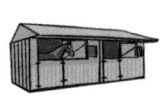

хлеў
kancha wasi

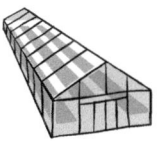

цяпліца
inwirnadiru

глеба
pampa

насенне
muju

угнаенне
wanu

камбайн
makina allana

сядзіба - chakra wasi

збіраць ураджай
allay

ураджай
allay

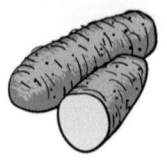

ямс
ñame

пшаніца
tiriwu

соя
soya

бульба
papa

кукуруза
sara

рапс
kulsa luru

садовае дрэва
wayu sach'a

маніёк
mandiuka

збожжа
ch'aki puquy

сядзіба - chakra wasi

дом
wasi

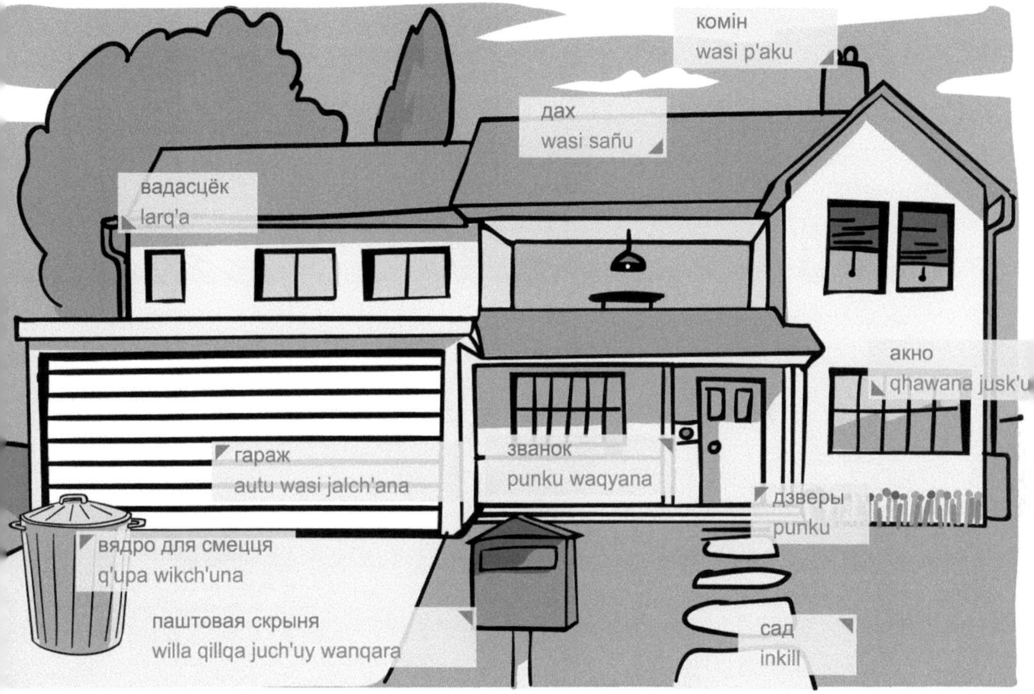

комін
wasi p'aku

дах
wasi sañu

вадасцёк
larq'a

акно
qhawana jusk'u

гараж
autu wasi jalch'ana

званок
punku waqyana

дзверы
punku

вядро для смецця
q'upa wikch'una

паштовая скрыня
willa qillqa juch'uy wanqara

сад
inkill

жылы пакой
k'illi wanlla

ванная
akana wasi

кухня
wayk'una wasi

спальны пакой
puñuna wasi

дзіцячы пакой
wawa k'uchu

сталоўка
mikhuna k'uchu

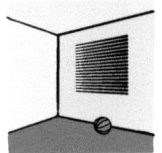
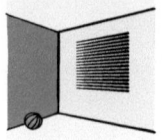
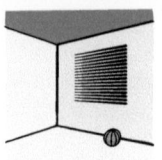

падлога
pampa

сцяна
pirqa

столь
wasip khatan

падвал
wasi ukhun

саўна
sawna

балкон
walkun

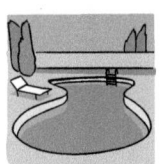

тэраса
pirqa

басейн
armakuna

касілка
k'achina

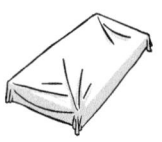

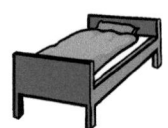

падкоўдранік
iqana

коўдра
khatana

ложак
puñuna

венік
pichana

вядро
yaku aysana

выключальнік
k'ancha jap'ichiq

дом - wasi

жылы пакой
k'illi wanlla

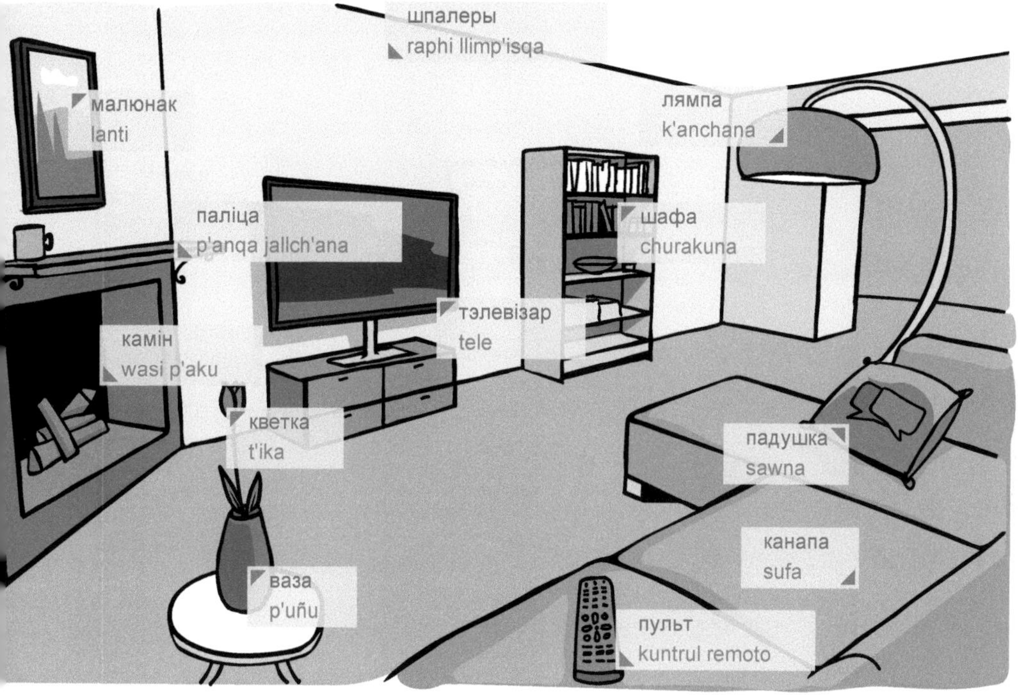

шпалеры
raphi llimp'isqa

малюнак
lanti

лямпа
k'anchana

паліца
p'anqa jallch'ana

шафа
churakuna

камін
wasi p'aku

тэлевізар
tele

падушка
sawna

кветка
t'ika

канапа
sufa

ваза
p'uñu

пульт
kuntrul remoto

дыван
pampa mast'ana

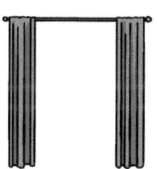

фіранка
arapa

стол
jamp'ara

крэсла
tiyana

крэсла-качалка
chhuku tiyana

крэсла
kirana

кніга
p'anqa

коўдра
mast'a

дэкарацыя
t'ikanchay

дровы
llamt'a

кіно
pelikula

стэрэасістэма
takina ekipu

ключ
ch'atana

газета
mit'awa

карціна
llimp'i

постар
poster

радыё
wayra simi

нататнік
qillqana p'anqa

пыласос
aspiradora

кактус
pukru

свечка
ispilma

жылы пакой - k'illi wanlla

кухня
wayk'una wasi

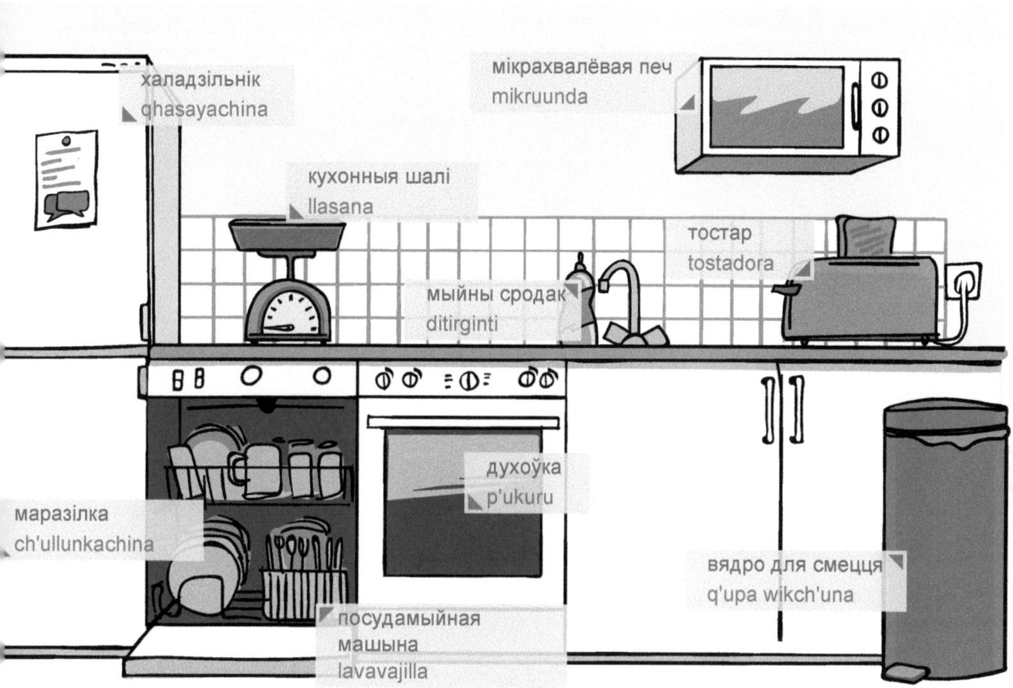

халадзільнік
qhasayachina

мікрахвалёвая печ
mikruunda

кухонныя шалі
llasana

тостар
tostadora

мыйны сродак
ditirginti

маразілка
ch'ullunkachina

духоўка
p'ukuru

вядро для смецця
q'upa wikch'una

посудамыйная машына
lavavajilla

пліта
presiun manka

рондаль
manka

чыгунок
q'illa manka

Вок / кадаі
wok

патэльня
payla

чайнік
thimpuchina

пaраварка
wapsina

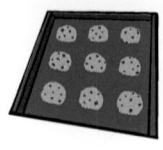
бляха
p'ukuru punku

посуд
vajilla

кубак
tasa

міска
tason

палачкі для ежы
palillo

чарпак
wislla

лапатачка
phusuqa urquna

збівалка
qaywina

сіта для варэння
isanka

сіта
suysuna

тарка
thupana

ступка
kutana

грыль
kawitu

вогнішча
nina jap'ichina

кухня - wayk'una wasi

дошка
k'ullu kuchunapaq

качалка
tuquru

штопар
sacacurchu

бляшанка
lata

адкрывалка
lata kichana

прыхваткі
jap'ina

ракавіна
chuwa mayllana

шчотка
sipillu

губка
ispunja

міксер
watidora

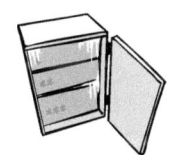
маразільная камера
ch'ullunkachina

бутэлечка
biberon

вадаправодны кран
grifo

кухня - wayk'una wasi

ванная
akana wasi

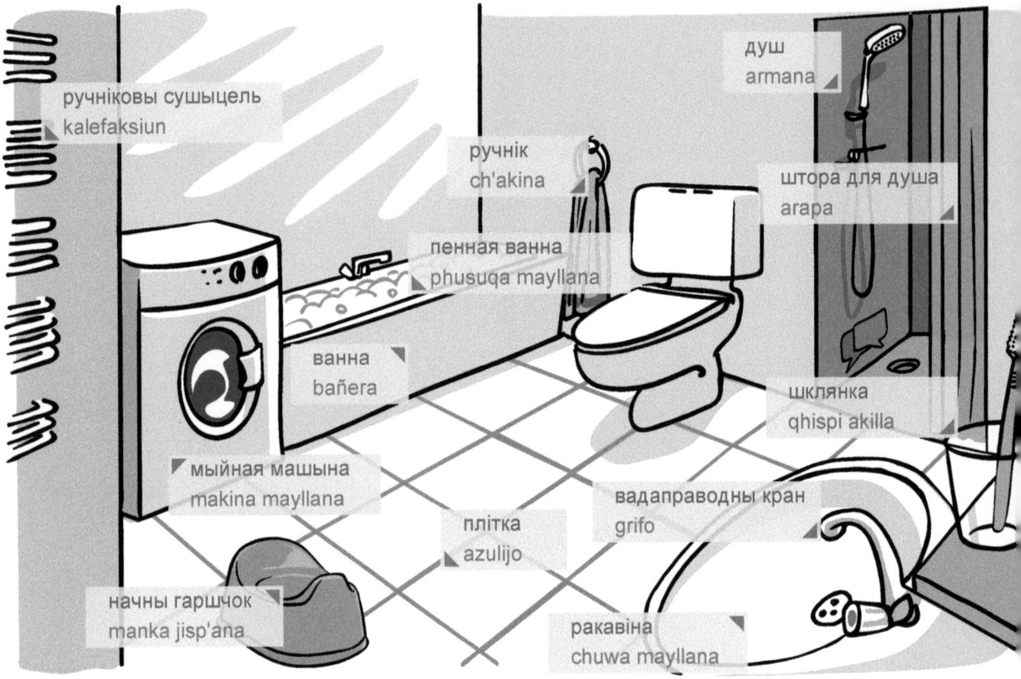

душ
armana

ручніковы сушыцель
kalefaksiun

ручнік
ch'akina

штора для душа
arapa

пенная ванна
phusuqa mayllana

ванна
bañera

шклянка
qhispi akilla

мыйная машына
makina mayllana

вадаправодны кран
grifo

плітка
azulijo

начны гаршчок
manka jisp'ana

ракавіна
chuwa mayllana

туалет

akana

падлогавы ўнітаз

yakupaka

бідэ

bidet

пісуар

jisp'ana

туалетная папера

papel higieniku

шчотка для чысткі ўнітаза

water pichana

зубная шчотка

kiru khituna

зубная паста

kiru pasta

зубная нітка

kiru q'aytu

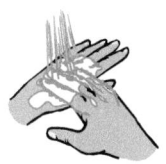

мыць

mayllay

ручны душ

armana makiwan

інтымны душ

armana

умывальнік

pila

шчотка для спіны

wasa cepillo

мыла

t'arta

гель для душа

llukllu armanapaq

шампунь

champu

вяхотка

ch'akina

вадасцёк

ch'chi yaku wikch'una

крэм

krima

дэзадарант

kuntu wayllak'upaq

ванная - akana wasi

люстэрка
qhispi

касметычнае люстэрка
qhawakunaqhispi

станок для галення
mumikuna

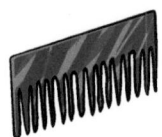

пена для галення
phusuqu mumikunapaq

ласьён пасля галення
lusiun mumikunapaq

грэбень
sikrana

шчотка
kuiru khituna

фен
sekadora

лак для валасоў
ispray

касметыка
makillaji

памада
simi llimp'ina

лак для пазногцяў
llimp'i sillu

вата
ampi

манікюрныя нажніцы
sillu k'utuna

духі
untu

ванная - akana wasi

касметычка
wayaqa ch'usanapaq

табурэтка
chukuna

вагі
aysana

лазневы халат
bata

санітарныя пальчаткі
maki wayaqa gumamanta

тампон
tampon

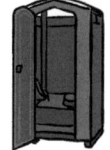

гігіенічныя пракладкі
raphi ch'akina

біятуалет
akanapaq tiyana kimiku

дзіцячы пакой
wawa k'uchu

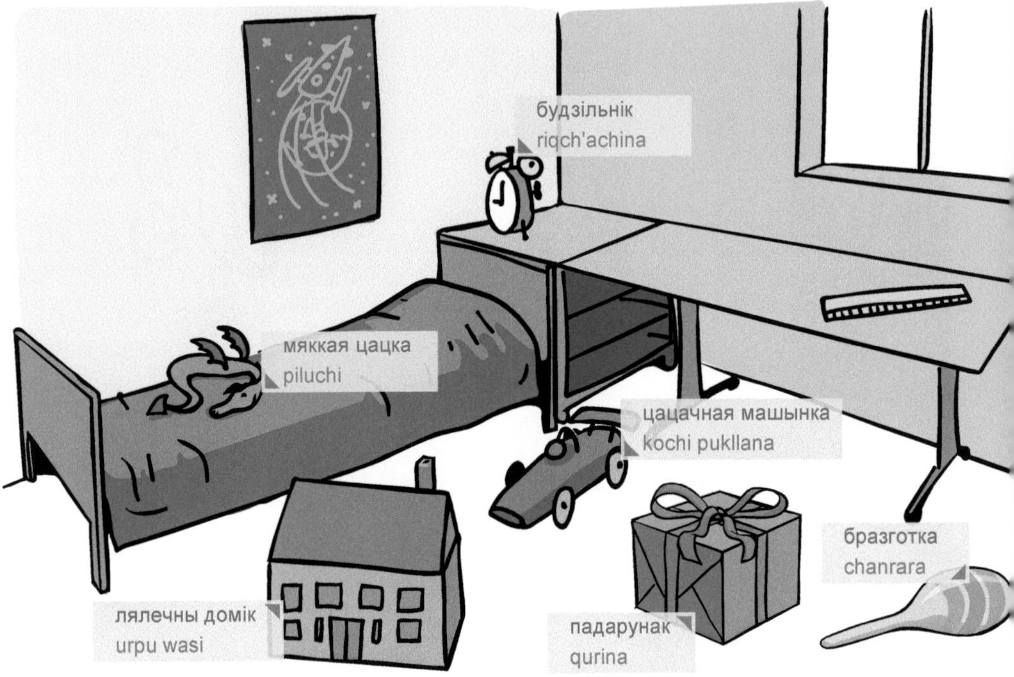

будзільнік
riqch'achina

мяккая цацка
piluchi

цацачная машынка
kochi pukllana

бразготка
chanrara

лялечны домік
urpu wasi

падарунак
qurina

надзіманы шарык

phuyu phuku

ложак

puñuna

дзіцячая каляска

wawa kochi

калода картаў

naypi

пазл

pusli

комікс

riwista

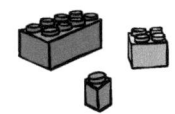

канструктар "Лега"
legukuna

канструктар
wluki pukllana

экшэн-фігурка
figura aksionmanta

дзіцячы гарнітур
wuri wawapaq

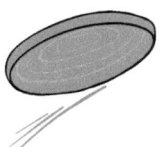

фрызбі
friswi

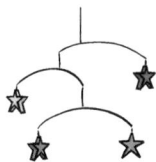

дзіцячы мабіль
wawa marq'a

настольная гульня
jamp'ara pukllana

кубік
dado

дзіцячая чыгунка
trin iliktriko purina

пустышка
maniki

дзіцячае свята
raymi

кніга з малюнкамі
futu p'anqa

мячык
p'ulu

лялька
urpu

гуляцца
pukllay

пясочніца
t'iyu p'utaki

арэлі
wallunk'a

цацкі
pukllana

гульнявая відэа прыстаўка
wiriukunsula

трохколавы ровар
trisiklu

плюшавы мішка
jukumari pukllana

шафа
p'acha jallch'ana

адзенне
p'acha

шкарпэткі
chakiwayaqa

панчохі
chakiwayaqa qharipaq

калготкі
chakiwayaqa

бодзі	штаны	джынсы
wuri	pantalu kurtu	wakiru

спадніца	блузка	кашуля
arphi	wulusa	kamisa

джэмпер	талстоўка	блэйзер
chumpa	chumpa	blazer

куртка	паліто	дажджавік
chakita	qhata	yawardina

касцюм	сукенка	вясельная сукенка
traji	wistiru	wistiru nowiamanta

адзенне - p'acha

касцюм	начная сарочка	піжама
traji	kamisun	piyama

сары	хустка	цюрбан
sari	wandana	turbante

паранджа	каптан	Абая
burka	kaftan	abaya

купальнік	плаўкі	шорты
traje mayllakunapaq	p'acha mayllakunpaq	kurtu

спартыўны касцюм	фартух	пальчаткі
acha tukuy p'unchawpaq	dilantal	makiwayaqa

адзенне - p'acha

гузік
ch'itana

акуляры
gafakuna

бранзалет
maki watana

каралі
wallqa

кальцо
siwi

завушніца
linri quri

кепка
q'aspa

вешалка
p'acha warkhuna

капялюш
chharara

гальштук
kurbata

маланка
pantalu wisk'ana

шлем
kasku

падцяжкі
tirantikuna

школьная форма
uniforme

уніформа
uniformi

адзенне - p'acha

нагруднік
llawsanapaq

пустышка
maniki

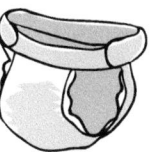
падгузнік
jananta

офіс
ujisina

сервер
yanapakuq

канцылярская шафа
jatun raphi jallch'ana

прынтэр
impresora nisqa

манітор
computadura qhawana

папера
raphi

пісьмовы стол
llamk'a jamp'ara

мыш
juk'ucha

тэчка
raphi churana

клавіятура
tekladu

смеццевы кошык
raphi chuqana

крэсла
tiyana

кампутар
computarura

бак для кавы (філіжанка)

tasa cajimanta

калькулятар
calcularura

інтэрнэт
intirnit

офіс - ujisina

ноўтбук
laptop

ліст
chaki qillqa

паведамленне
willachiy

мабільны тэлефон
silular

сетка
red

ксеракс
futukopia

праграмнае забеспячэнне
software

тэлефон
tilijunu

разетка
toma corriente

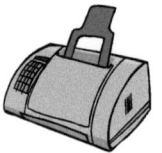

факс
faks

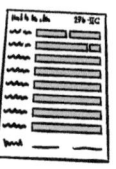

фармуляр
jurmulario

дакумент
asuy qillqa

офіс - ujisina

эканоміка
qullqikamay

купляць
ranqhay

плаціць
qupuy

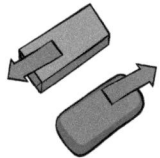

гандляваць
ranqhay

грошы
qullqi

долар
dólar qullqi

еўра
iwro qullqi

ена
yen qullqi

рубель
ruwlu qullqi

франк
juranku swisu qullqi

кітайскі юань
rinminwi qullqi

рупія
rupia qullqi

банкамат
kajiru awtumatiku

абменны пункт
qullqi rantina wasi

золата
quri

срэбра
qullqi

нафта
pitruliu

энергія
kallpa

цана
yupa

кантракт
mink'ay

падатак
impuistu

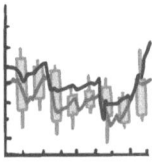
акцыя
aksiun

працаваць
llamk'ay

служачы
llamk'achiq

працадаўца
llamk'achiq

фабрыка
puquchiy kiti

крама
tienda

эканоміка - qullqikamay

прафесіі
llamk'aykuna

паліцыянт
ajinti policiamanta

пажарны
wumwiru

кухар
wayk'uq

доктар
jampi kamayuq

пілот
pilutu

садоўнік
inkill kamayuq

слесар
llaqllaykamayuq

швачка
siraykamayuq

суддзя
khuskachaq

хімік
jampi ranqhaq

артыст
aranwaq

 кіроўца аўтобуса awtuwus q'iwiq	 таксіст taksi q'iwiq	 рыбак challwakamayuq
 прыбіральшчыца pichaq	 страхар wasip qhatan	 афіцыянт wayna yanapaq
 паляўнічы chakuykamayuq	 мастак llimp'iq	 пекар t'antiri
 электрык iliktrisista	 будаўнік llam'kaq	 інжынер k'llikacha
 мяснік ñak'aq	 сантэхнік yaku kamayuq	 пашталён qillqa apaq

прафесіі - llamk'aykuna

салдат
awqakuq

архітэктар
wasikamayuq

касір
kajiru

фларыст
t'ikachaq

цырульнік
chukcharutuq

кандуктар
q'iwichiq

механік
mikaniku

капітан
wamink'a

стаматолаг
kirukamayuq

вучоны
jamawt'a

рабін
rawinu

імам
k'askachimuq

манах
munji

святар
tata kura

прафесіі - llamk'aykuna 55

інструменты
ruk'awi

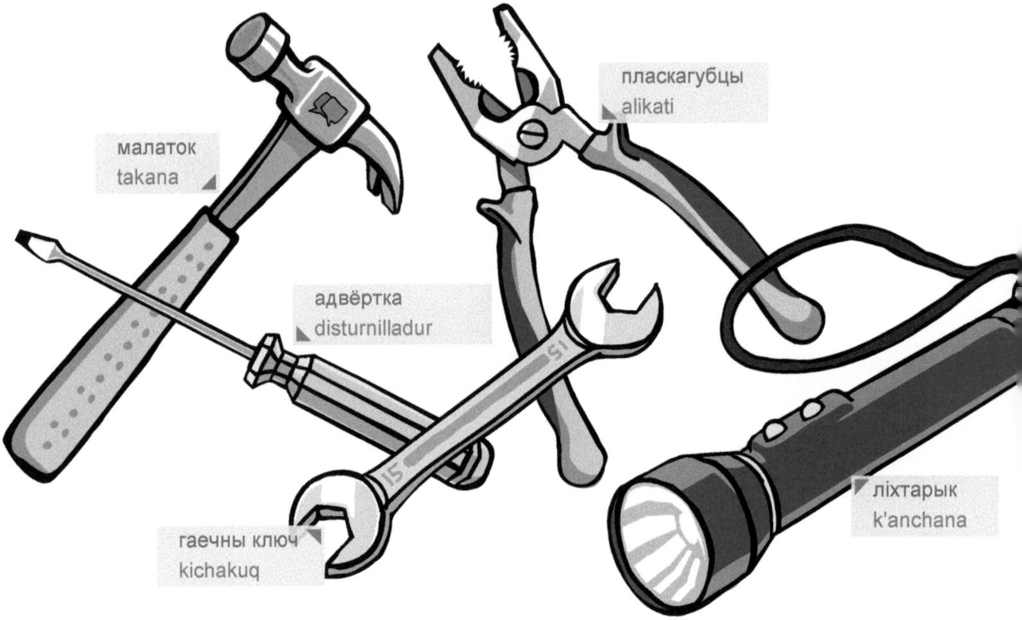

малаток
takana

пласкагубцы
alikati

адвёртка
disturnilladur

ліхтарык
k'anchana

гаечны ключ
kichakuq

экскаватар
ikskawadura

скрыня для інструментаў
ruk'awi p'uktaki

дравіны
wichana makiyuq

піла
sierra

цвікі
takarpu

дрыль
talaru

рамантаваць
allinchay

рыдлеўка
lampa

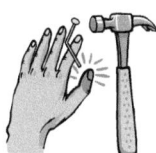
Халера!
¡Supay apachun!

шуфлік для смецця
q'upa tantana

вядро з фарбаю
llimp'i churana

балты
turnillukuna

музычныя інструменты
takichiy nakuna

ударны інструмент
watiria

калонкі
sumaq parlana

гітара
witarra

кантрабас
kuntrawaju

труба
lata phuku

піяніна pianu	скрыпка wiulin	басгітара waju

літаўры tinwalis	барабан wankar	клавішны электрамузычны інструмент tikladu

саксафон saksu	флейта phukuna	мікрафон mikrufunu

заапарк
jatun uywa kancha

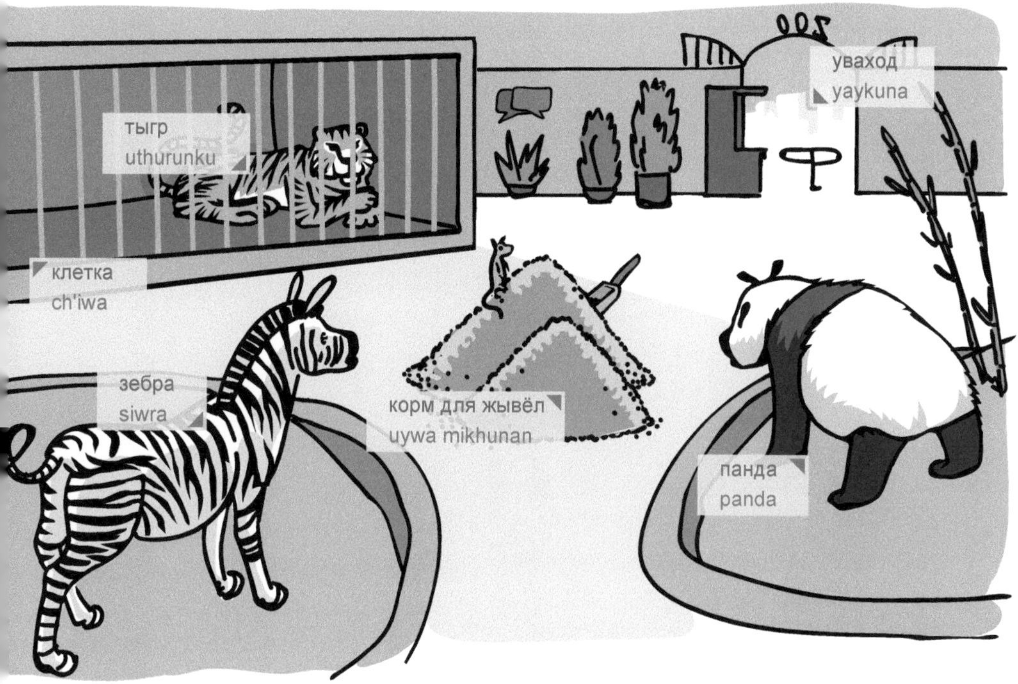

тыгр / uthurunku
уваход / yaykuna
клетка / ch'iwa
зебра / siwra
корм для жывёл / uywa mikhunan
панда / panda

жывёлы

uywa

слон

ilijanti

кенгуру

kanguru

насарог

rinusirunti

гарыла

gurila

мядзведзь

jukumari

вярблюд
kamillu

стравус
suri

леў
puma

малпа
k'usillu

фламінга
pariwana

папугай
q'ichichi

белы мядзведзь
pular jukumari

пінгвін
pinwinu

акула
tiwurun

паўлін
pawu

змяя
katari

кракадзіл
kukuwurilu

наглядчык заапарка
jatun uywa kancha arariwa

цюлень
fuka

ягуар
uthurunku

заапарк - jatun uywa kancha

поні puni	леапард lliwpardu	бегемот hipuputamu

жыраф jirafa	арол anka	дзік sintiru

рыбак challwa	чарапаха turtuga	морж mursa

ліса atuq	газель gacila	

заапарк - jatun uywa kancha

спорт
atipanaku pukllay

дзейнасць
ruwakuna

- скакаць — phinkiy
- смяяцца — asiy
- абдымаць — mak'alliy
- ісці — puriy
- спяваць — takiy
- марыць — musquy
- маліцца — mañakuy
- цалаваць — much'ay

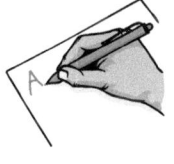

пісаць
qillqay

маляваць
t'iktuy

паказваць
qhawachiy

націснуць
tanqay

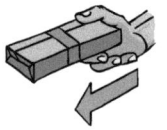

даваць
quy

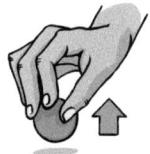

браць
uqhariy

маць
yuq

выконваць
ruway

быць
kay

стаяць
sayay

бегчы
t'ijuy

цягнуць
chuqay

кідаць
chuqay

падаць
urmay

ляжаць
siriy

чакаць
suyay

насіць
apay

сядзець
chukuchiy

апранацца
p'achachakuy

спаць
puñuy

прачынацца
rikch'ay

дзейнасць - ruwakuna

глядзець
qhaway

плакаць
waqay

лашчыць
waylluy

прычэсвацца
sikray

гаварыць
rimay

разумець
unanchay

пытаць
tapuy

чуць
uyariy

піць
upyay

есці
mikhuy

прыбіраць
kamachiy

кахаць
khuyay

гатаваць
wayk'uy

ехаць
q'iwiy

лятаць
phaway

дзейнасць - ruwakuna

плаваць пад ветразем
wamp'uy

лічыць
yupanchay

чытаць
ñawiriy

вучыць
yachay

працаваць
llamk'ay

уступаць у шлюб
sawaray

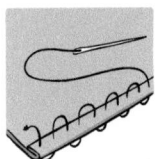
шыць
siray

чысціць зубы
kiru khitukuy

забіваць
wanchiy

курыць
pitay

пасылаць
kachay

сям'я
yawar masikuna

бабуля / jatun mama
дзядуля / jatun tata
бацька / tata
маці / mama
дзіця / wawa
дачка / warmi wawa/ ususi
сын / qhari wawa/ churin

госць

jamuynisqa

цётка

ipa

дзядзька

kaki

брат

tura/wawqi

сястра

ñaña/pana

цела
uqhu

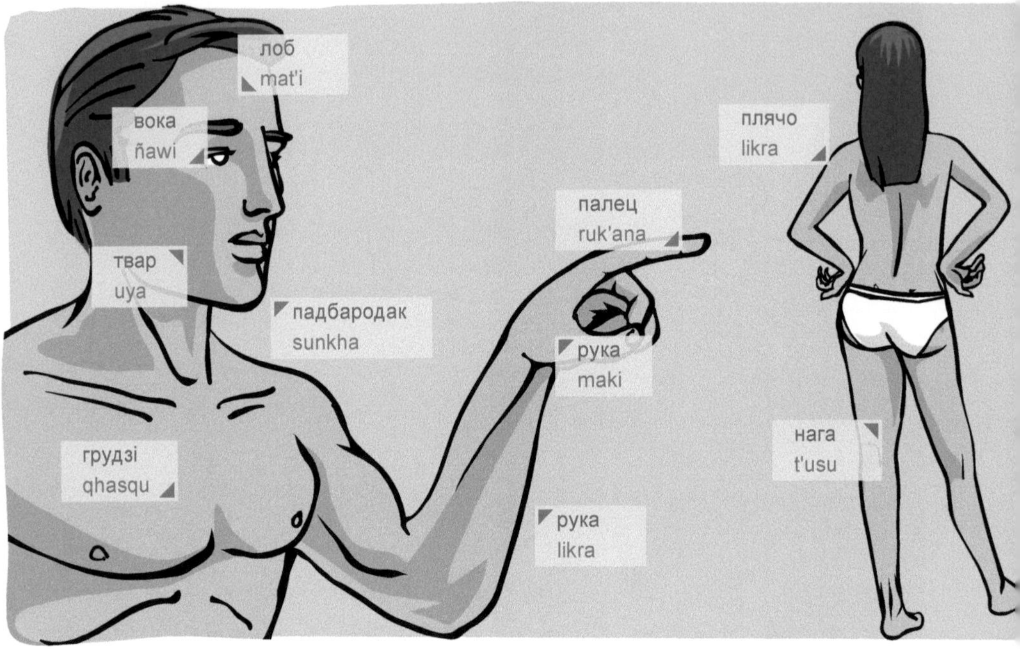

лоб / mat'i
вока / ñawi
твар / uya
падбародак / sunkha
грудзі / qhasqu
палец / ruk'ana
рука / maki
плячо / likra
рука / likra
нага / t'usu

дзіця
wawa

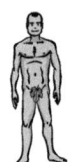

мужчына
qhari

жанчына
warmi

дзяўчынка
sipas

хлопчык
yuqalla

галава
uma

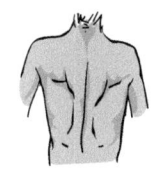	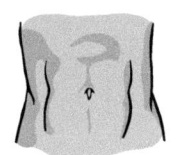	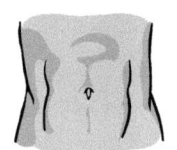
спіна wasa	жывот wisa ukhu	пуп pupu
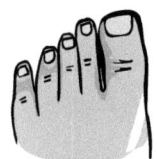	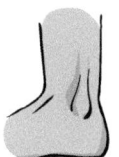	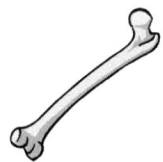
палец нагі ruk'ana	пятка takillpa	костка tullu
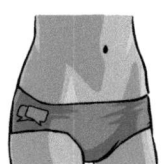		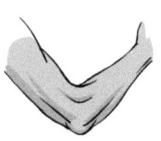
бядро chaka	калена muqu	локаць maki muqu
		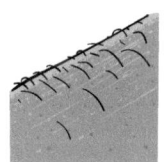
нос sinqa	ягадзіца siki	скура qara
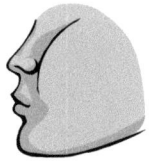	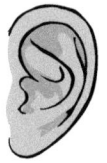	
шчака k'aqlla	вуха linri	губа sipri

цела - uqhu

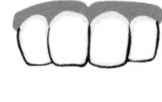

рот — simi

зуб — kiru

язык — qallu

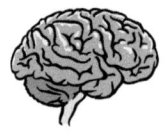
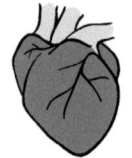

галаўны мозг — ñuqtu

сэрца — sunqu

мышца — mach'i

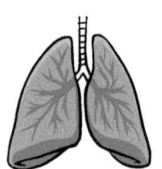

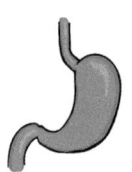

лёгкае — surq'an

пячонка — k'iwicha

страўнік — wisa

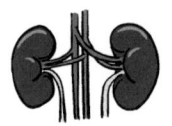

ныркі — wasa ruru

сэкс — lluq'anaku

прэзерватыў — condon

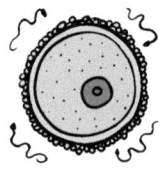

яйцаклетка — ch'uytu

сперма — yuma

цяжарнасць — wiksayuq kay

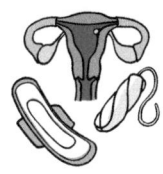
менструацыя
k'ikuy

похва
rakha

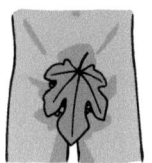
пеніс
ullu

брыво
qhichira

валасы
chukcha

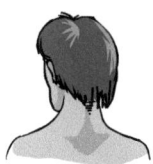
шыя
kunka

цела - uqhu

шпіталь
Jampina wasi

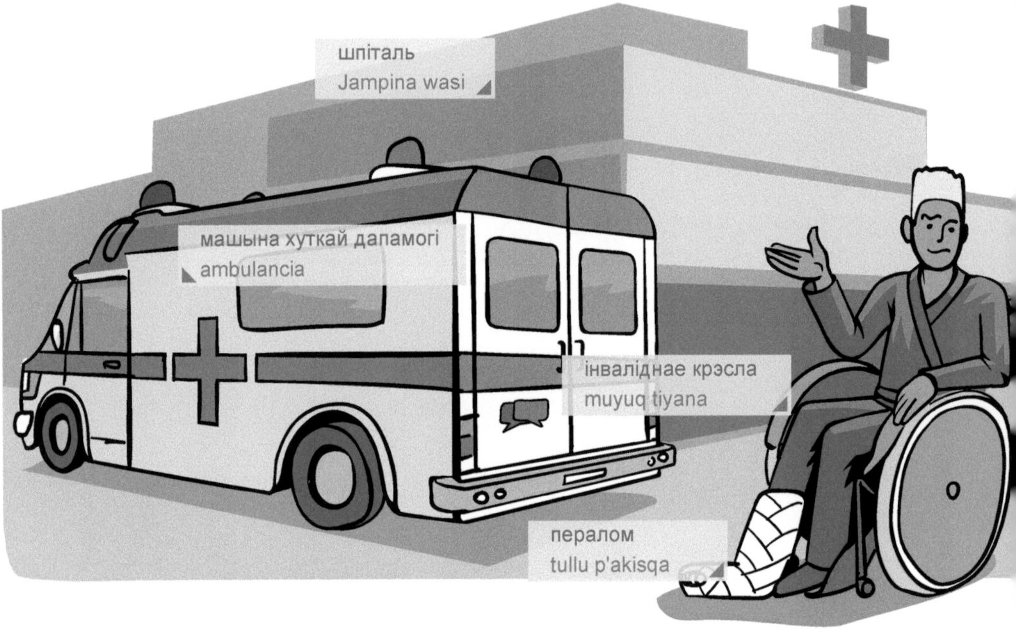

шпіталь
Jampina wasi

машына хуткай дапамогі
ambulancia

інвалідная крэсла
muyuq tiyana

пералом
tullu p'akisqa

доктар

jampi kamayuq

аддзяленне першай дапамогі

urgencia wasi

медсястра

jampi yanapaq

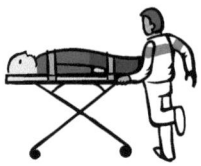

экстраная дапамога

urjinsia

непрытомны

mana yuyayniyuqchu

боль

nanay

шпіталь - Jampina wasi

траўма
ñuti

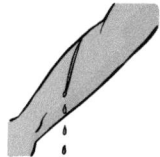

крывацёк
sirk'ay

інфаркт
infarto

апаплексія
wayra

алергія
millachikuq

кашаль
ch'uju

гарачка
k'aja unquy

грып
p'urqi

панос
q'icha

галаўны боль
uma nanay

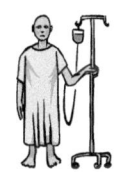

рак
isqu unquy

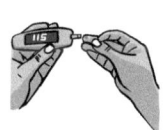

дыябет
diyawitis

хірург
jampi kamayuq

скальпель
bisturi

аперацыя
upirasiun

шпіталь - Jampina wasi

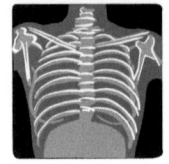
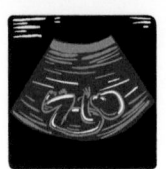

КТ
TAC

рэнтген
tullurikuchi

ультрагук
ultrasunidu

маска
jark'ana

хвароба
unquy

пачакальня
suyanapaq k'illi wanlla

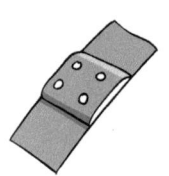

мыліца
tawna

пластыр
tinta

бінт
manku

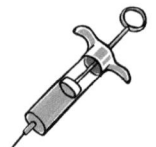
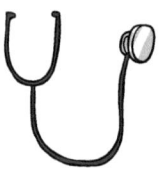
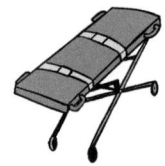

ін'екцыя
inyiksiun

стэтаскоп
istituskupiu

насілкі
kallapu

градуснік
llaphi tupuna tupu

нараджэнне
paqarisqa

лішняя вага
wirachasqa

шпіталь - Jampina wasi

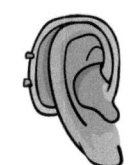
слухавы апарат
audifono

дэзінфекцыйны сродак
disinjiktanti

інфекцыя
q'iyacha

вірус
miyu

ВІЧ/СНІД
VIH / SIDA

лекі
jampi

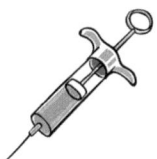
прышчэпка
wakuna

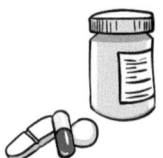
таблеткі
tawlitakuna

супрацьзачаткавая таблетка
pastilla

экстраны выклік
usqay waqyana

танометр
tinsiumitru

хворы / здаровы
unqusqa / qhali

шпіталь - Jampina wasi

экстраная дапамога
urjinsia

Ратуйце!
¡Yaw!

сігналізацыя
alarma

напад
manchay

атака
waykha

небяспека
chhiki

аварыйны выхад
punku utqay lluqsinapaq

Пажар!
¡Nina!

вогнетушыцель
nina wañichiq

аварыя
ñak'ariy

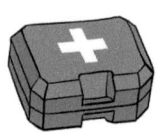

аптэчка
botiquin de primeros auxilios

COC
SOS

паліцыя
pulisiya

Зямля
Pacha

Еўропа
Iwrupa

Паўночная Амерыка
Chincha Amerika

Паўднёвая Амерыка
Qulla Amerika

Афрыка
Ajurika

Азія
Asia

Аўстралія
Awstralia

Атлантычны акіян
Atlantiku

Ціхі акіян
Pasijiku

Індыйскі акіян
Indiku mama qucha pacha

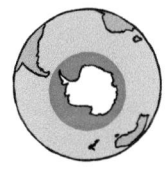

аўднёвы ледавіты акіян
Antartiku mama qucha pacha

Паўночны ледавіты акіян
Artiku mama qucha pacha

Паўночны полюс
chincha pulu

Паўднёвы полюс | Антарктыда | Зямля
qulla pulu | Antartida | Pacha

  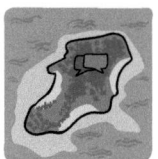

краіна | мора | востраў
jallp'a | mama qucha | tara

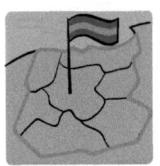 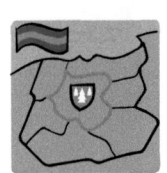

нацыя | дзяржава
llaqta | Suyu

гадзіннік
phani (kuna)

цыферблат
muruq'u

гадзінная стрэлка
phani tuqsiq

хвілінная стрэлка
chininiq

секундная стрэлка
ch'ipu yupaq

Колькі часу?
¿Ima phanitaq?

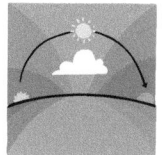
дзень
p'unchaw

час
pacha

зараз
kunan

электронны гадзіннік
dijital inti watana

хвіліна
chinini

гадзіна
phani

тыдзень
qanchischaw

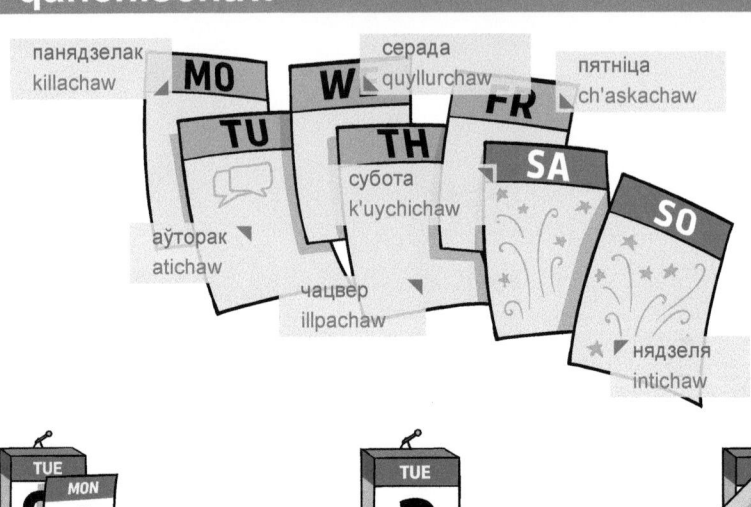

панядзелак — killachaw
серада — quyllurchaw
пятніца — ch'askachaw
субота — k'uychichaw
аўторак — atichaw
чацвер — illpachaw
нядзеля — intichaw

ўчора
qayna

сёння
kunan

заўтра
p'unchaw

раніца
p'unchaw

абед
chawpi p'unchaw

вечар
sukha

працоўныя дні
llamk'ana p'unchawkuna

выхадныя
tukuq qanchischawnin

тыдзень - qanchischaw

год
wata

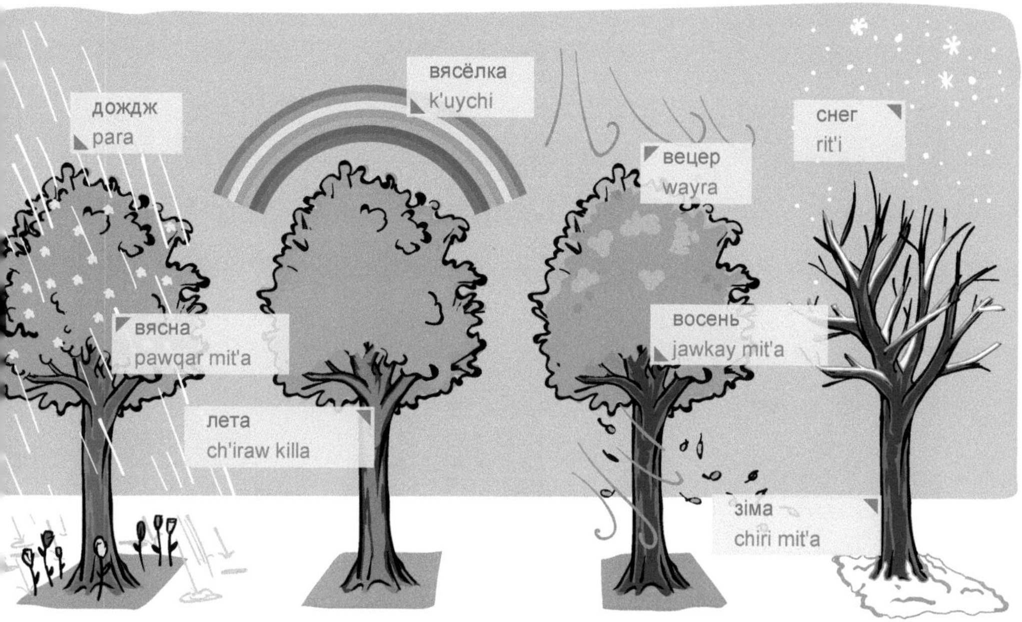

дождж
para
вясёлка
k'uychi
вецер
wayra
снег
rit'i
вясна
pawqar mit'a
восень
jawkay mit'a
лета
ch'iraw killa
зіма
chiri mit'a

4.APRIL 11°
5.APRIL 4°
6.APRIL 13°
7.APRIL 8°
8.APRIL 10°

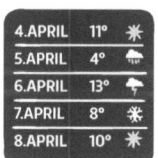

прагноз надвор'я
inti raki

F C
120 40
90 30
60 20
30 10
0 0
-30 -10
-20

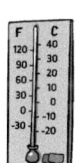

градуснік
tirmumitru

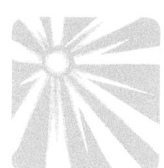

сонечнае святло
inti

воблака
phuyu

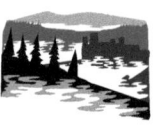

туман
phuyu

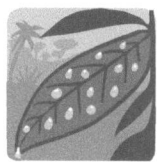

вільготнасць паветра
juq'u

маланка	гром	бура
illapa	illapa	tamya

 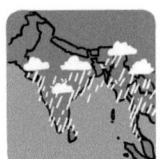 

град	мусонны вецер	прыліў
chikchi	muyuq wayra	lluqlla

лёд	студзень	люты
chullunka	qhaqmiy killa	jatunpuquy killa

  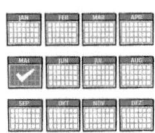

сакавік	красавік	май
pachapuquy killa	ariwaki killa	aymuray killa

  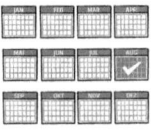

чэрвень	ліпень	жнівень
jawkaykuskuy killa	chakrakunakuy killa	chakraypuy killa

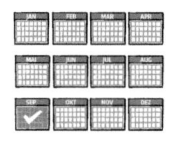
верасень
tarpuy killa

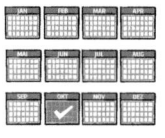
кастрычнік
pawqarwara killa

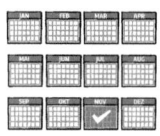
лістапад
ayamarq'ay killa

снежань
qhapaq inti raymi killa

формы
pacha tupusqa rikch'ay

круг
muyu yupa

квадрат
tawak'uchu yupa

прамавугольнік
sayt'u yupa

трохвугольнік
kimsa k'uchu yupa

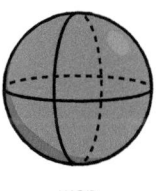
шар
muruq'u

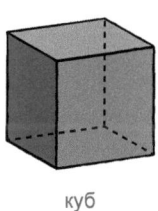
куб
yupa wayru

колеры
llimp'ikuna

белы
yurak

жоўты
q'illu

аранжавы
willapi

ружовы
panti

чырвоны
puka

фіялетавы
kulli

сіні
anqas

зялёны
q'umir

карычневы
ch'umpi

шэры
uqi

чорны
yana

супрацьлегласці
wakjinakuna

шмат / мала
achkha / pisi

злы / добры
phiña / qhasi

прыгожы / брыдкі
k'acha / millay

пачатак / канец
qallariy / tukuy

высокі / малы
jatun / juch'uy

светлы / цёмны
sut'i / tuta

сястра / брат
wawqi / pana

чысты / брудны
llimphu / ch'ichi

поўны / няпоўны
junt'asqa / mana junt'asqa

дзень / ноч
p'unchaw / tuta

мёртвы / жывы
wañusqa / kawsaq

шырокі / вузкі
chhuqu / k'ichki

ядомы / неядомы

mikhunapaq / mana mikhunapaqchu

злы / добры

sakra / k'acha

узбуджаны / нудны

kusisqa / majisqa

тоўсты / тонкі

rakhu / tullu

першы / апошні

ñawpaq / qhipa

сябар / вораг

masi / awqa

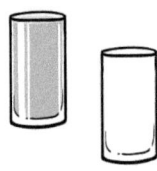

поўны / пусты

junt'a / ch'in

цвёрды / мяккі

k'urki / llamp'u

важкі / лёгкі

llasa / chhalla

голад / смага

yarqhay / ch'akiy

хворы / здаровы

unqusqa / qhali

нелегальны / легальны

chanin / mana chanin

разумны / дурны

yuyaysapa / upa

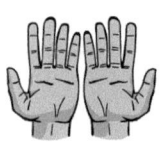

левы / правы

lluq'i / paña

побач / далёка

qaylla / karu

супрацьлегласці - wakjinakuna

овы / былы ва ўжываннi

musuq / mawk'a

нiчога / нешта

ch'usaq / imapis

стары / малады

machu / wayna

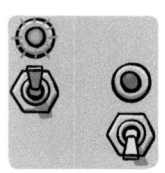

укл / выкл

jap'isqa / wanchisqa

адчынены / зачынены

kichasqa / wisq'asqa

цiхi / гучны

ch'in / ch'aqwa

багаты / бедны

qhapaq / wakcha

правiльна / няправiльна

chiqan / mana chiqan

шурпаты / гладкi

qhachqa / llamp'u

сумны / шчаслiвы

llakisqa / kusi

кароткi / доўгi

k'aka / karu

павольны / хуткi

jayra / utqay

вiльготны / сухi

juq'u / ch'aki

цёплы / халаднаваты

rupha / chiri

вайна / мiр

awqay / sunqu tiyakuy

супрацьлегласцi - wakjinakuna

лічбы
yupaykuna

0 нуль
ch'usak

1 адзін
uk

2 два
iskay

3 тры
kimsa

4 чатыры
tawa

5 пяць
phichqa

6 шэсць
suqta

7 сем
qanchis

8 восем
pusaq

9 дзевяць
jisq'un

10 дзесяць
chunka

11 адзінаццаць
chunka ukniyuq

12
дванаццаць
chunka iskayniyuq

13
трынаццаць
chunka kimsayuq

14
чатырнаццаць
chunka tawayuq

15
пятнаццаць
chunka phichkayuq

16
шаснаццаць
chunka suqtayuq

17
сямнаццаць
chunka qanchisniyuq

18
васямнаццаць
chunka pusaqniyuq

19
дзевятнаццаць
chunka jsq'unniyuq

20
дваццаць
iskay chunka

100
сто
pacha

1.000
тысяча
waranqa

1.000.000
мільён
junu

лічбы - yupaykuna

МОВЫ
simikuna

англійская
inklis simi

англійская (Амерыка)
amerikanu inklis simi

кітайская мандарынская
mandarin chinu simi

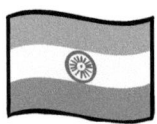

хіндзі
jindi simi

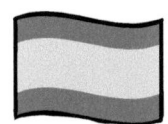

іспанская
castilla simi

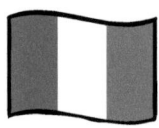

французская
fransis simi

арабская
arabia simi

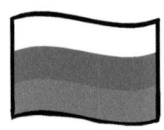

руская
rusia simi

партугальская
purtugal simi

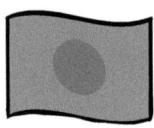

бенгальская
bingali simi

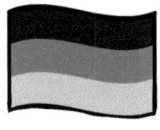

нямецкая
alimania simi

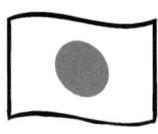

японская
japun simi

хто / што / як
pi / ima / imayna

я
ñuqa

ты
qam

ён / яна / яно
pay / pay / chay

мы
ñuqanchik

вы
qamkuna

яны
paykuna

хто?
¿pitaq?

што?
¿imataq?

як?
¿imaynataq?

дзе?
¿maypitaq?

калі?
¿mayk'aq?

імя
suti

дзе
maypi

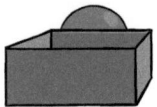
за
qhipa

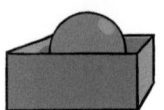
у
pi

перад
ñawpaq

над
pantanpi

на
pata

пад
uranpi

каля
kuska

паміж
chawpi

месца
chiqan